Sujando o ninho

Luiz Meyer

Sujando o ninho
e outros poemas

ILUMI//URAS

Copyright © 2022
Luiz Meyer

Copyright © desta edição
Editora Iluminuras Ltda.

Capa e projeto gráfico
Eder Cardoso / Iluminuras

Imagem da capa
Manuscrito, 1989 de Sérgio Sister
[acrílica sobre papel, 31x45cm]

Revisão
Monika Vibeskaia

CIP-BRASIL. CATALOGAÇÃO NA PUBLICAÇÃO
SINDICATO NACIONAL DOS EDITORES DE LIVROS, RJ
M56s

    Meyer, Luiz, 1938-
      Sujando o ninho : e outros poemas / Luiz Meyer. - 1. ed. - São Paulo : Iluminuras, 2022.
    116 p. : 21 cm.

    ISBN 978-65-5519-154-7

    1. Poesia brasileira. I. Título.

22-77097   CDD: 869.1
                             CDU: 82-1(81)

Meri Gleice Rodrigues de Souza - Bibliotecária - CRB-7/6439

2022
EDITORA ILUMINURAS LTDA.
Rua Inácio Pereira da Rocha, 389 - 05432-011 - São Paulo - SP - Brasil
Tel./ Fax: 55 11 3031-6161
iluminuras@iluminuras.com.br
www.iluminuras.com.br

SUMÁRIO

TEMPO INTERIOR

FILHO, 15
MORANDI, 17
MODERNISMO TARDIO, 18
RECITAL, 19
RESGATE, 21
POÉTICA, 26
A CHEGADA, 27

TERRA BRASILIS

TERRA BRASILIS , 33
SUMIÇO, 35
POEMA DIDÁTICO, 37
POEMA LITERAL, 39
NACIONAL, 41

NA PRAÇA, 43
RETRATO, 45
RECENSEAMENTO, 47

INTERMEZZO

LITERATURA RUSSA, 51

SUJANDO O NINHO

DOMINÂNCIA DE RITMO, 59
INICIAÇÃO, 69
A CONTRAPELO, 79
SUJANDO O NINHO, 83
PEQUENA HISTÓRIA, 91
PEDINDO O MOTE, 106

Sobre o autor, 115

Agradecimentos

Agradeço a Heloisa Jahn *cuja leitura minuciosa dos poemas resultou em sugestões que me foram de enorme valia.*

Agradeço a Elisabeth Cruz *que há mais de 40 anos vem decifrando meus garranchos.*

Agradeço a Sergio Sister *por ter cedido uma obra sua para a capa.*

Sujando o ninho

e outros poemas

Para Adela, Salmen, *e* Vânia
o primeiro ninho.

Para Regina, *que junto com*
Ana Elisa, Diogo, Cibele, Clarice *e* Laura
me ajudam a sustenta-lo.

TEMPO INTERIOR

FILHO

Avança na piscina
com braçadas vigorosas.
É homem feito,
escolheu o seu caminho:
vê-se pelo modo como nada,
pelo jeito cuidadoso com que trata
o próprio filho.

Corta a água
segue em frente
constrói seu destino.
Chegando à borda
mergulha recurvado,
retorna ao ponto de partida.
Seu trabalho, na água e fora dela,
                é diuturno.

Tenho um filho
provedor de quem carece
e o modo como nada na piscina
mais o zelo que dispensa à sua prole
mostram um ser posto no mundo
sereno na labuta,
afeito aos termos do embate.

Mistério da origem!
Como pode alguém por mim gerado
possuir esse senso de justiça?

Se o pai é apenas ardiloso
e fácil se acomoda ao consumo do conforto
de onde vem a batida desses braços
      — consistente, ritmada —
a consciência do perigo,
a coragem do confronto?

Lá está ele, atento ao que se passa:
enche o peito, resfolega,
amassa o pão que ao voltar
coloca sobre a mesa da cozinha.
O esforço concentrado
deixa um rastro de borbulhas.

Findo o dia, sentado no seu colo
seu próprio filho o interroga:
sorri, baixa a cabeça
atende à sua fala.

(É um alívio vê-lo assim,
imune à minha herança).

MORANDI

É como todas as mesas
assentada na sala, solta
imóvel, igual a si mesma
corpórea, opacificada
(nada ecoa o estrondo do tronco derrubado,
as cinzas dos que queimam, a
sombra dos que resistem)
resignada, submersa, despojada
sublimada coisa em-si
ser-tocando-o-ser, parmideica

Incrivelmente concreta
é como todas as mesas
onde os homens comem.

MODERNISMO TARDIO

No fundão
três ou quatro.
Onze anos
conversa excitada.
Assunto: bordel
Pra entrar toca campainha
As mulheres lá dentro ficam peladas
Me ergo e, peremptório:
No Brasil ainda não tem;
só nos Estados Unidos.

RECITAL

O borborigmo se anuncia,
no início só gorgolejo
mas seu trajeto é conhecido.
Pro velho cada peido é um perigo,
nessa idade é que se perde a calibragem.

Cabelo ralo, barba por fazer
camisa pingada de sopa
paletó desalinhado
olha em volta:
irão escutá-lo?
Contrai o esfíncter
baixa a cabeça
disfarça cólica e careta:
conseguirá segurar?
Ousaria uma suave saída,
obra de virtuose, apenas um tremulato?
E se houver descontrole
já que o ensaio foi pouco
se em vez de harpa, trombone?

Em surdina vai até o canto,
respira fundo, puxa tosse
acompanhada de muito pigarro
para abafar o flato.

Agora é só tranquilidade:
tronco ereto, olhar direto;
nem parece o homem de antes
curvo, intimidado.

Vai ao centro da sala
se achega a uma roda animada
e de modo assertivo ha! palpita
sobre futebol, política e aplicação financeira.

RESGATE

Diviso no horizonte a lousa
com a escrita de giz esmaecida:
Eva viu a uva
a velha passeia com a vaca
papai pegou a pipa.
É meu pai: segura minha mão,
sobe a ladeira na saída da escola.
Diviso no horizonte seu Nagib
na porta da quitanda. Meu pai
parava para a prosa, perguntava o que eu queria.
Comprava guaraná, maria
mole, o que eu pedisse.
Diviso no horizonte seu sorriso,
          hoje uma sombra
sempre comigo de mãos dadas
subindo a ladeira: bom dia, boa tarde
dona Maria melhorou do resfriado?
E o seu filho, sempre empregado na oficina?
Levantava muito cedo
levava meus irmãos para a piscina.
Diviso no horizonte eu mesma
que sentada longe d`água
sonolenta, magricela

escutava de mãos dadas
(ele contava)
a história de uma moça coitadinha
que prenderam numa torre:
de dia olhava pro mar
de noite seguia o luar
sem nunca parar de cantar.

Diviso no horizonte jaboticaba no pé
manga espada, manga rosa,
fruta de vez dando travo
todas com muito fiapo
(a mais gostosa pra mim
era a manga coquinho).

Diviso no horizonte a panela sobre a trempe
a goiabada fervendo, dona Quitéria mexendo
mexendo, mexendo, mexendo
meu pai com um olho no fogo
com o outro me avisando:
respingo de doce queima
minha filha se cuide
ponha se sempre ao meu lado.

Diviso no horizonte
o perfil do Morro Agudo
nome mais sem sentido.
Perguntei ao meu pai
por que assim se chamava
nem sequer tinha uma ponta
e seu cume era achatado.

Diviso no horizonte
eu toda de branco vestida
saindo da igreja antiga
Querendo fazer bonito
tropecei no meu vestido
que ficou todo rasgado.
Adeus chocolate e bolinhos
adeus à festa primeira.
Voltei pra casa chorando
meu pai voltou comigo
todo o tempo me abraçando.

Diviso no horizonte
a carteira do grupo escolar
com seu tinteiro embutido;
em cima dela serviam
a merenda, igual todo dia.
Mais que tudo ali diviso
o livro que a classe lia,
um pedaço de cada vez
(uma história de aventuras
cheia de índios e bichos)
pensei que nunca acabasse
e quando chegou ao fim
tive um chilique danado
gritei com a professora
mandei que continuasse.

Diviso no horizonte
A casa onde eu morava.
Como toda casa da rua

na frente tinha varanda
no fundo um cimentado;
num lado um canteiro de flores,
no outro eu dava comida
pro meu cachorro Veludo.

Minha tia trazia o coalho
que a família repicava;
meu avô falava enrolado
minha avó sempre à janela
à espera do bicheiro.
Toda noite tinha filme
no Cine Teatro São Carlos
(meu pai era filho do dono
na volta me carregava).
No dia em que eu viajava
na véspera já deixava
a lancheira preparada.
Meu pai ficava nervoso
como se um apito
de longe escutasse.
À toa se apressava:
todo mundo já sabia
que a Mogiana atrasava.
Quando chegavam as férias
as fazendas eram duas;
chegando na encruzilhada
ficava sempre na dúvida:
uma era boa de boia; outra era boa de prosa.

Não têm fim minhas lembranças
nem os sonhos que me visitam.
Percorro ruas e praças
nas quais vou reencontrando
o mundo que hoje me habita.

Mas se olho para o horizonte
é sempre meu pai que diviso.

POÉTICA

Pela internet comprei
um crucifixo usado.
Me enviaram
um crucifixo novo.
Não tenho uso
para um crucifixo novo.
No meu dia a dia
um crucifixo novo
é descabido, perde o sentido.
Preciso de um
já muitas vezes
pendurado-despendurado
evocando sala de visitas,
cabeceira de cama, fundo de gaveta.
        Usado.
O correio me trouxe um crucifixo
explicito, reluzente.
Não me alcança:
meus versos são pausados
estão em desuso, fora de tom.

Embalado na caixa
onde o deixei
não se peja de ser novo.
        Deejay.

A CHEGADA

Minha filha
deste jeito lembro dela
uma menina, me esperando no portão,
saltitante de franjinha
anunciando pra cachorra
"Pitanga Pitanga papai chegou".

Ficou triste.

Não é que se comporte
dando a ver o que
por dentro a constrange,
eremita em meio à vida urbana.
Tem seu dia,
seu trabalho
empilha a louça na cozinha.
Mas na alma,
intramuros,
a Coisa turva
escureza, malventura.

Nunca fez estardalhaço,
tomava sopa de cevada.
Desde sempre, sempre perguntava:

(espicula de rodinha)
Em Passaquatro, passam quatro?
Pimpinela era escarlate?
O Luiz respeita o Januário?
No Morro do Vintém
pendura a saia?
É verdade que banana,
menina, tem vitamina?
E o alecrim, nasceu no campo
sem ser semeado?
Pai: no circo tem um leão
tem um elefante
tem um anão
que levanta um gigante!

Naquele tempo
sem agravo
uma filha
como as outras

Quem é de fora
não entende, não alcança
o tombo, a virada
e o meu olhar acompanhando
a trilha que se abrira
machucada, abrigando o desencanto
a tristeza como sina.

Tal é o destino que se assentou
e assombra o nosso laço.

Meu desejo maior
é resgatá-la;
mas levá-la para onde?
Como empreender a abertura
quando é em surdina
que se passa o que se passa?

É o mais pesado
do que deixo e
me confrange o pensamento
que agora, ao despedir-me,
o combate foi perdido.

Não há massa derruída,
peste em Tebas
agonia fragorosa:
apenas aquela dor
que pesa sob a unha.

Houve um entrave e um descarte.
Impotente face
ao ser amado
está o pai
e seu esforço
é derrisório
(a filha é bela porém
não se serve da beleza).

Retomo, reitero a demanda
pedindo que algum entendimento se ofereça.

Nada.
Silente,
Vive à sombra
impérvia à própria mágoa.
Resistente.
Ficou triste.

04/11/2019

TERRA BRASILIS

TERRA BRASILIS

I

O zunidor se impunha
à pancada do tamborim.
A charamela aquela
também entrou de permeio:
separava os arrabis
da batida do urucá.
Entrementes muçurana
mostrando sua esperteza
abafava sem esforço
da soalha o grande empenho.

Alguns pediam batuque
outros bebiam cauim
dançavam no mesmo ritmo
entregues à excitação.

II

É uma gente ardilosa
sempre de prontidão que
abrasa a terra que habita
e se acaso na Escola desfila
não perde a ocasião
de perturbar a Harmonia
atravessando o samba-canção.
Só trabalha em causa própria
na maior sofreguidão
com agravo e vitupério
difama fazendo alarido
à gente que se lhe opõe.

Forma um grupo solidário
"irmanados no mesmo ideal".
Nenhum despreza a patranha
falseiam qualquer discurso
e entre burlas e balelas
conchavam qualquer barganha.

III

A flauta não tinha vez.

SUMIÇO

*"No início dos anos 60, por causa da poluição do ar...
por causa da poluição da água (dos rios azuis e regos
transparentes), os pirilampos começaram a desaparecer".*
In Pier Paolo Pasolini "Scritti Corsari".

Na cidade já não temos vaga-lumes.
Atingidos em seu voo, escorraçados
ainda luzentes partiram para o exílio.
      Estamos às escuras.
Caminhamos à sombra do ente urbano
movidos por tropeços, a noite
deixou as ruas sem traçado.
Praças, jardins, arbustos coloridos,
na encruzilhada nossa escolha foi o beco
e agora, em consequência, bairro atrás de
bairro atrás de bairro atrás de bairro
se tornaram valhacouto de milícias.
Descartada sobre o solo arenoso
outra gente se equilibra nas encostas.
Aguardam o desastre a cada ano repetido.

Ele brota do negrume, competente
e o que se vê quando amanhece
é um confuso amontoado de aflição,
desconsolo, escombro dos escombros.
No lusco-fusco lampejo algum
de desgarrado vaga-lume.

POEMA DIDÁTICO

Quebrantado me curvo
à evidência: este é meu tempo
e agora o que abraço
é só carcaça
(com ela me entrelaço).
Espelha a voz interna
monturo articulado
descarnada estrutura indicando
feitos desfeitos
largados pela estrada.
Carcaça é resto
ferro carcomido
forma sem contorno
sombra devassada
corpo feito de lacunas
mexilhões se encrustando
no casco naufragado,
na ossada do edifício inacabado:
cadaveri eccellenti.

Nesse meu tempo
esfumou-se a promessa de horizonte
nem sequer há pranto funerário.

Escárnio, refugo, sorvedouro,
uma desfeita feita após a outra
calcinou o compromisso.

E o que abraço é
essa pilha de carcaças.

Assim descrevo o arcabouço
— mamilo sem aréola —
revelado em sua transparência:
carcaça é legado por todos fabricado.

POEMA LITERAL

Aqui é tudo
mais do mesmo:
na permuta e no escambo,
no varejo e no atacado.
    — Posta a oferta —
a moeda que avaliza toda troca
      é a carniça
      (pactuada).

Nenhum alerta
detém a caminhada
que sempre termina
      na Moenda
o sujeito desfibrado
exposto na paisagem.

Foram anos de banguê
a gente escura se esfalfando:
o proveito escorria pelas bordas
do tacho cobreado
e o bravo povo que o embolsava
advertia, a quem o interpelasse:
      "Você sabe com quem
      está falando"?

Deu em carniça.

Da Moenda muda o dono
ou quem legisla sobre ela
(o seu torque, o estilo da engrenagem).
Mas o comércio é o de sempre,
os poros feitos de cinismo e
a coisa degradada permanece
circulando protegida.
É uma só a malta que a produz
e que a fareja, sanguessugas
conjurados no altiplano
feitores da pátria-matadouro.
Dia e noite perseveram,
armando a emboscada,
criando a hora derradeira:
e é sem misericórdia
(se não, onde a carniça?)

NACIONAL

Índio você acabou, você já era
Índio você perdeu, não tem jeito
  sem saída
  você não é nada índio
tua vida índio, não vale porra nenhuma
você nasceu, índio, e já estava morto
teus filhos nasceram e não havia filhos
acabou, não sobrou nada
  tanga cocar chocalho
índio você não é forte nem bravo guerreiro
  teu Tupã, kaput
índio você foi empalado, infectado
  apagado
ninguém vai lembrar índio,
da tua gengiva podre de mercúrio
do teu olho cego de mercúrio,
do morto sem cova, da facada nas costas
(floresta queimando, queimando, queimando)
Ninguém nem repara, índio,
na vida que não vingou
na língua que acabou
(meninos eu vi?)
índio mudo exangue sangrando

Wajãpi Ashaninka Pirarrãs
Maxacalis Penkarus Ybityguas
coisa nenhuma, não adianta: cancro

Índio, você é brasileiro.

NA PRAÇA

É o ocaso.
Meu destino.
Nesta terra
corrompida
vou ser enterrado.
A praça parece calma
        sombreada
mães empurrando carrinhos de bebê
ciclistas, namorados, o sorveteiro.

Está sendo corrompida:
do horizonte fragmentado,
em cada quarteirão, cada bairro
        afunilado pelas ruas
vem o som abafado da coisa triturada
pisadura, cabeça curvada
mais, de joelhos.
Perdemos as entranhas, sufocados.
Nem se esconde, seus dentes, não precisa:
engenhoso, sob as luzes,
no palco central decide a nossa sorte.
E, entremuros, a fileira de covas numeradas,
flores murchas, conformadas.
Sua boca: tem ofício de cavoucar em linha reta.
        Predadora

O todo é feito e maquinado com argúcia.
Nada se improvisa. É uma marcha;
aceiro algum protege da coivara.
Ininterrupta a fome como um poço.
Nada, ninguém.
Paisagem sem confronto.
Omisso como os outros.
      É o ocaso
já não me resta
a vida que me resta.

RETRATO

Eu sou isso
a coisa pétrea.
Eu sou o isso.
Cavalgo, ignoro
sempre miro:
    atiro
Não te escuto:
não vejo luto.
Tanto faz
seja ou não delito:
sendo móvel, visível
    miro
    atiro
Assim me apresento
    me ofereço,
assim devo ser visto
    (como o isso)
Tudo já está patente
nesta e noutra esquina:
nunca me distraio
    (pois se miro e atiro!)

Escavaco o que é inteiro.
Se abro a boca é por desalma:
    habito o porão
    a rachadura
    o cadafalso
    quebro o leme
    me apetece
    o que é oblíquo
    aí miro e atiro.

Meu alvo é tudo.
De pé, na viga, vigio.
Só eu pergunto.
    Encaro.
    Incito.
E se alguém à minha frente:
    doidejo
    piso
    cauterizo
    quebro a espinha
    dessa gente renitente.

    Feita a fístula
    encravo o torniquete;
    essa é a marca,
    o meu ferrete.

Brilhante, o coronel
    se deleita
    na tarefa.

RECENSEAMENTO

(2021)

Operários, professores, funcionários, diaristas,
varredores, torcedores, viúvas e cavalheiros
       todos tomando no cu.
Doutores, engenheiros, advogados, magistrados,
Médicos, arquitetos, o pé frio e o pé rapado
       (incluindo o pé de boi)
       todos tomando no cu.
Cozinheiros, secretárias, cafetões e cafetinas
foram todos enroscados, bem no olho do cu
(do curioso nem se fala que seu destino
sempre foi o de ter o cu tomado).
Motorista, carpinteiro, o pintor e o vitrinista
       todo o povo do país
(escritores e pintores, músicos e bailarinos)
vem sendo, como descrito, enrabados noite e dia
       dia e noite sem cessar.

Foi isto o que aferimos
batendo de porta em porta,
resumindo, já tabeladas,
as respostas recebidas
ao percorrermos o país:
"moço, escreva no seu caderno:
estamos todos tomando no cu".

Mais ainda deduzimos:
toda essa sodomia
vem sendo patrocinada
por brava gente estrelada
que, por esse trabalho único
vai tendo o soldo dobrado.
Sempre fiéis à sua meta
prometeram a si mesmos
nunca mais relaxar.
A proposta ficou clara:
cada paisano na mira
é um alvo para encular.

INTERMEZZO

LITERATURA RUSSA

— Carlos Augusto Antunes; que prazer revê-lo!

Assim que você adentrou a confeitaria e cumprimentou a Antenora Torres Rego me lembrei que Fabiana de Moraes Camargo, ontem, aqui mesmo enquanto tomávamos chá, me disse que te viu na ópera, bastante resfriado e com tosse. Está melhor?

— Sim, José Carvalho Ribeiro, estou melhor, obrigado. De noite me valho da infusão indicada pela prima Maria das Dores Alves e graças a ela — à infusão — estou aliviado.

— Que bom Carlos Augusto Antunes. Sei por experiência própria o quanto a tosse noturna sufoca e angustia.

— É verdade José Carvalho Ribeiro. Mas a mistura de ervas de Mariazinha das Dores Alves, fervida na panela de ferro de minha avó Floriana de Azevedo Antunes, foi muito eficaz. Deixou-me mais vital e desperto.

— Pois é, Carlos Augusto Antunes, você está em forma, graças a Deus. Mas quem a está perdendo é nosso tio Fabio Moraes e Silva.

— Ouvi falar disso também, José Carvalho Ribeiro. Quem me contou foi Valdo Amaral Couto, aquele cunhado de nossa parente Maria Silveira Fonseca, que mora no Rio de Janeiro. Parece que ele está deprimido, perdeu o viço.

— Sim, Carlos Augusto Antunes. Contam que Fabio Moraes e Silva foi visto dois dias atrás, ao entardecer, no Parque D.Pedro II, vagando, encapotado, parecendo sem rumo.

— Saiba, José Carvalho Ribeiro, que segundo me informou Estefanio Alves Pimenta, Fabio Moraes e Silva estaria enfrentando problemas na fazenda Nossa Senhora das Dores de Dentro.

— Pois é, Carlos Augusto Antunes, os colonos lá estão fazendo exigências sem propósito: não querem trabalhar aos domingos!

— Foi isso mesmo, José Carvalho Ribeiro, o que me disse a nossa tia Verinha Santos Leão: depois da missa eles teimam em voltar para casa.

— Sabe, Carlos Augusto Antunes, não podemos aceitar essas demandas esdrúxulas. Ontem, no clube, Sinfronio Queiroz Alves me contou que Fabio Moraes e Silva pediu ajuda ao delegado Honório Antenor do Vale para pressionar aquela gente.

— Que bom, José Carvalho Ribeiro! Toda essa história está causando pesadelos a Virgilia do Amaral Quintão, uma tia de Fabio Moraes e Silva que mora com eles. Ela confessou à sobrinha, Antenora Moraes e Silva, que, em seu sonho, uma bola vermelha incandescente rolava em direção ao cafezal e transformava toda a plantação em samambaias.

— A propósito, Carlos Augusto Antunes, essa moça, a Antenora Moraes e Silva, também está na origem da depressão de Fabio Moraes e Silva. Não bastassem as dores de cabeça com os colonos, a filha disse a ele que costuma se encontrar com um italiano em um banco de jardim sob um alpendre. O tal a aconselhou não só a estudar, como também a fazer uma faculdade.

— Pois olhe, José Carvalho Ribeiro: foi exatamente o que aconteceu com a Laurinha Alves da Cunha, filha de Capistrano Alves Cunha. Ela se enamorou, nem sei como, de um estudante filho de imigrantes (parece que judeus), e nos encontros que mantiveram ele dava livros de política para ela ler!

— Imagino, Carlos Augusto Antunes, que não sejam verdadeiramente de política. Esses jovens aparecem com ideias vindas de fora, estranhas à nossa cultura, para influenciar nosso povo e alterar nossas tradições (José Carvalho Ribeiro, tosse e se engasga um pouco).

— Amigo José Carvalho Ribeiro, esta conversa não está lhe fazendo bem: a tosse voltou... Está cansado?

— Não é cansaço, Carlos Augusto Antunes; é raiva o que sinto, diante desses movimentos que avançam sobre nossas tradições, nossa unidade, nossa religião, enfim todo o nosso jeito de ser, há tanto tempo enraizado em nosso solo bendito. Pense somente na ousadia dos colonos da fazenda Nossa Senhora das Dores de Dentro, de propriedade do amigo comum Fabio Moraes e Silva.

— Você tem razão, José Carvalho Ribeiro. Tanto quanto os costumes e hábitos de vida, temos que defender nossas fazendas, impedir que nossos funcionários deem ouvidos a essa doutrinação e que escutem essas arengas ditas progressistas. E precisamos também, e muito, proteger nossas filhas.

— Digo mais, Carlos Augusto Antunes: há entre nós traidores com ideias liberais. Já escutei o Capistrano Cotrim Cerqueira falar de forma simpática sobre uma nova sociedade, que seria mais igualitária. Trataria a todos da mesma forma: até os colonos, tão devedores dos favores que lhes fazemos!!

— Sim, José Carvalho Ribeiro. Infelizmente há traidores. São pessoas influenciáveis pelas falas que pregam o fim da ordem e da hierarquia. Nós, com nosso trabalho honesto mantemos nossas fazendas, os laços de família, e agora eles querem confundir tudo. Desprezam nosso esforço.

— Por falar em não poupar esforços, Carlos Augusto Antunes, preciso te deixar a par de que conforme a tradição de nossa família, meu afilhado Hugo Barbosa Penteado foi indicado pelo deputado Alfino Carvalho Queiroz, do governo, para trabalhar na Fazenda Estadual. Imagine que ele passa as vezes mais da metade do dia na repartição!

— Mas que coincidência, José Carvalho Ribeiro! O deputado Patrocinio de Azevedo Amaral, que é da oposição, indicou também meu afilhado, Vicentinho da Costa Andrade para trabalhar na Secretaria de Negócios da Agricultura. Como o chefe está sempre precisando viajar para cuidar de suas plantações, ele muitas vezes o substitui nas inspeções.

— Isto é muito bom Carlos Augusto Antunes. Os inspetores são muito respeitados. Quando chegam aos escritórios locais são recebidos com enorme deferência.

— Pois é José Carvalho Ribeiro. Uma vez meu afilhado Vicentinho da Costa Andrade também precisou substituir o chefe dele, que necessitava ir a Minas Gerais para ser padrinho de batismo do filho do prefeito. Pelo modo dedicado com que meu afilhado trabalhou nesse período ele ganhou na volta do chefe uma semana de abono.

— Quanta responsabilidade têm nossos funcionários públicos, Carlos Augusto Antunes! Muito justo que sejam recompensados por seus deslocamentos sempre estafantes.

— Concordo José Carvalho Ribeiro. É uma gente leal, do nosso meio. Aliás o deputado Patrocínio de Augusto Amaral, que agora vai passar a apoiar o governo, já garantiu para meu afilhado Vicentinho da Costa Andrade uma promoção no meio do ano.

— Ora veja Carlos Augusto Antunes: meu afilhado Hugo Barbosa Penteado, que foi indicado para a Fazenda Estadual pelo deputado Alfonso Carvalho Nunes (que agora passou para a oposição) está namorando a Ernestina Azevedo Prado, a Tininha, filha do vice-governador Valdomiro Azevedo Prado. Você sabe que o Valdomiro tem somente filhas mulheres e necessita portanto de um genro confiável para administrar suas três fazendas.

— Isso é que é sorte, José Carvalho Ribeiro. Não é todo dia que se consegue um genro que trabalhe na Fazenda Estadual.

— Pois é Carlos Augusto Antunes. Mas depois de casar o coitado será obrigado a viajar com frequência para Paris e Nova York para negociar as safras de café. Que massada!

— Reconheço que é um sacrifício José Carvalho Ribeiro. A pressão sobre nossa classe é incessante. Quando estava há pouco na estação de águas em Pocinhos do Rio Verde me enviaram um telegrama informando que havia alguns problemas com a colheita. Tive que me apressar e ir ao correio responder. Para gente responsável como nós não há descanso.

— Bem Carlos Augusto Antunes foi um prazer conversar com você. Lamento apenas as ameaças que pairam sobre nosso tempo.

— Mas vamos enfrentá-las, José Carvalho Ribeiro, vamos sim. Nossos governantes saberão usar a necessária mão de ferro para nos proteger. Também para mim foi um prazer revê-lo. Até um dia desses no clube.

— Até lá Carlos Augusto Antunes.

<->

(Preciso avisar meu afilhado Vicentinho da Costa Andrade que Hugo Barbosa Penteado, afilhado de José de Carvalho Ribeiro está namorando a Ernestina Azevedo Prado, a Tininha, filha do vice-governador Valdomiro Azevedo Prado. Como o Vicentinho trabalha na Secretaria de Negócios da Agricultura e faz inspeções, acho que tem mais chances de casar com a filha de Valdomiro Azevedo Prado que tem três fazendas).

<->

(Preciso avisar meu afilhado Hugo Barbosa Penteado que o Vicentinho Costa Andrade, afilhado de José de Carvalho Ribeiro vai ser promovido graças à ajuda do deputado Patrocínio de Augusto Amaral. Como o Vicentinho agora está na oposição e o deputado foi para o governo, meu afilhado Hugo Barbosa Penteado agora também está com o governo e terá mais chances de obter o apoio do deputado para uma promoção do que o Vicentinho Costa Andrade.)

SUJANDO O NINHO

DOMINÂNCIA DE RITMO

I

Vou contar-lhes
    algo novo
(há pouco o descobri)
Os judeus
devo dizê-lo
se renderam à buceta
padecendo de um tumulto
que lhes altera a razão
(não apenas os velhos crentes
mas toda a população).
Neste tempo em que vivemos
surgiu um novo parâmetro,
outra medida padrão:
os judeus
devo dizê-lo
não mais obedecem a Aarão
não tem mais pela Palavra
a antiga devoção.
Desejam ser seculares
não há buceta no além

desenvoltos na alcova
gemem como pedintes
são contra a postergação.

Vão ao Muro
se lamentam
batem   batem   batem   batem
e no peito a coisa rouca
completamente açodada
se insinua ao arrepio
resistente a todo apelo
(ei-la presente e altiva
ei-la encarando de face
a buceta irreverente
buceta de prontidão).

Põem o talit, o tifilim
batem   batem   batem   batem
são judeus compenetrados
procurando elevação;
diante dos olhos baixados
que celebram a oração
revolvem espiralando
como guirlandas festivas
bucetas as mais variadas
coloridas depiladas
alegres e musicais.

(Pense a cauda de um pavão
pense as penas do cocar

pense o fogo de artificio
girando no mesmo lugar).

II

Em tempos nem tão remotos
cansados de tanta espera
esse povo obstinado
deixou de lado o Senhor
prostrou-se aos pés do Bezerro
foram ímpios e descrentes
levaram-no ao pedestal.
Quedaram-se com esse selo
     — entalhe e cicatriz —
Mas agora   mas agora
estão refazendo a história
transmutou-se a dominância
é outra a coisa que encanta.

Mas agora, mas agora
mudaram sua toada
no altar da sinagoga
na leitura da Torah
ao se abrir o Tabernáculo
aderente ao pergaminho
     — já nos salmos cantada —
ornada de pedrarias
sorridente, iluminada
toda de prata vestida

para o judeu fascinado
surge a buceta sagrada
esguia, o talhe delgado
a buceta-matriz.

III

Askenazi, sefarditas
talmudistas, cabalistas
judeus os mais variados
no shabat com as famílias
rodeando a mesa festiva
dão-se conta que também
inventiva, caprichosa,
de mil modos figurada
ela paira no salão.
No Pessach, nas cantorias
celebrando a liberdade
recordando a travessia
      os judeus
       me sinto aflito
dela não largam mão.
Unidos pela cintura
venturosos cativados
dançam a sarabanda
rodilhando em turbilhão

(Pense num bloco de rua
sambando no carnaval
pense no frevo descendo
a ladeira à beira-mar
pense no colorido
que tem a cauda do pavão).

IV

Ninguém, nem mesmo o gentio
compreende esta coisa nova
agora aos judeus sobrevinda
a tudo negligenciam
não se importam com gastança
o que prezam sobretudo
que lhes serve de lastro e valor
é a fenda cultivada
gruta de devoção.

Aprumaram seu caminho
mestre-sala porta-bandeira
na frente fazendo visagem
apontam o novo rumo
vão os judeus agrupados
seguindo a luz da buceta
a buceta iluminada.

V

Em verdade em verdade
    vos digo:
ainda há mais do que isso
ao longo do ano todo
a cada data festiva
Simchat Torah Sefirah
Sucot Purim Shavuot
afinadas com o momento
se apresentam peregrinas
bucetas globalizadas
bucetas de toda nação
esportivas destemidas
competem nas macabíadas
(às vezes são dançarinas)
triatletas velocistas
musculosas varonis
amazonas destemidas
sobem no pódio do estádio
esbanjam garbo e vigor.
Postados à frente delas
os caftans abotoados
dedilhando seus tsitsits
os judeus enfeitiçados
acompanham as disputas
de olho nas aguerridas
torcendo com discrição
(pense no salto com vara
no nado de peito, no crawl

pense no pulo à distância
na maratona estafante
e em seu glorioso final).

VI

Mas não se acalma o sensório?
É contínuo esse alvoroço?
Não escapam dessa sombra,
não existe proteção?
Os judeus que aqui descrevo
perderam a diligência:
desprezam o provimento
não mais esperam o Messias
tanto foi a espera em vão
inflamados só aspiram
ao deslumbre do pavão.
E quando rezam o Kadish
— a mais funérea oração —
evocando enlutados
os seres queridos seus
já desta vida levados?
Mesmo ali se faz presente
insistindo com o feitiço
confundindo a devoção.
E em dia de Yom Kipur
o mais sagrado dos dias
quando os judeus agravados
na abstinência do jejum

clamando por piedade
esperam pelo perdão?

O tormento não dá trégua;
(não existe exceção)
mesmo sabendo que é hora
de profunda expiação
mesmo se penitenciando
procurando a contrição
são por ela confrontados
em continua tentação.

Premidos pelo desejo
          pela vergonha também
vivem pasmos o dilema
se protegem da apetência
procurando no entremeio
à guisa de redenção
só a buceta permitida:
buceta purificada
pelo banho de imersão
buceta saída da mikva
buceta tornada kasher.

(Pense no templo sombrio
pense no som do shofar
pense na chama apagada
dos candelabros no altar
escute o lamento das vozes,
a sofrida entonação).

VII

Afinal o que se passa
com o povo de Israel?
Alterou-se a narrativa
cessou a lamentação?
Tornaram-se blasfemos agora
à nova serpe curvados?
Ou seriam judeus libertários
preferindo a deleitação
ao Verbo que fora ensinado?
Ou são eles insurgentes
que fogem do chão batido
da pressão da mais -valia,
rodando na contramão
consagrando bucetas
pelas trilhas de Zion?
Deixou o Senhor de amá-los
ou é nova prova de amor?
Já é este o ano próximo,
já estamos em Jerusalém?
É anúncio da chegada
ou prenúncio do Armagedom?
(lá vêm elas sem disfarce
assombrando o povo eleito
desfilando em procissão
uma fanfarra as precede
agitando a multidão).

VIII

Reparem, são esses os judeus que descrevo:
abriu-se um novo horizonte
há um novo seio de Abraão.
Não pertence aos cinco livros
não é o regaço do Pai.
Mudou a forma de enlace
a esfera da paixão
e nessa arena ampliada
é carne que se ambiciona
é o cio que dá aval.

Varados de inconformismo
de ambivalência também
transidos de medo e esperança
seguem à frente o caminho
visam transpor o portal
(não ficarão à deriva).
   Até hoje o povo eleito:
   agora terão que escolher.

      Março/novembro-2016

INICIAÇÃO

I

A princesa curvou a nuca com leveza
e se inclinando sobre o rosto
que do fundo da cesta lhe sorria,
colocou a mão esquerda
na fenda da blusa decotada
     puxou o seio
que agora os dedos ressaltavam
e, segura de seu gesto,
ofereceu-o a Moisés,
ali mesmo, ao pé da água.

Recuemos com vagar
ampliando o campo perceptivo.
O tempo desta crônica
um pouco antes se iniciara:
um bebê posto na cesta
deslizando sobre o rio,
sentia a brisa da estiagem
e a corrente que o levava.
O berço balançava
navegava em ziguezague,
roçando o trigo já plantado,
a barragem de juncos,
a base das palmeiras.

Se acaso enganchasse
um pequeno remoinho
o desprendia
devolvia ao leito d´água:
e o barquinho de novo serpeava,
flutuando
prosseguia a jusante.
Levava aninhado em seu bojo
o pequeno ser
em perigo de soçobro.

O enquadre apresentado
deu a ver até agora
um bebê sulcando o rio
abrigado numa cesta
flutuando à deriva.

Mas também foi posta em foco
a figura da princesa,
acerto do destino vindo a prumo,
estancando o percurso sinuoso.
Mais adiante, num detalhe
foi mostrada a fenda de uma blusa
a mão que ali mergulha
dando a ver
a essência do humano
a brotar desse gesto.

Alteamos nossa vista
continuamos nossa lida

e demarcamos o terreno
a partir do mirante do palácio
Dali o olhar abraça o rio
o sol refletido sobre a água
e uma jovem ornada
com tiara, a princesa
que se afasta dos caniços
levando nos braços
o presente que o Nilo
lhe ofertara.

II

Depois de descrevermos
segundo perspectivas variadas
            o gesto desprendido
o encontro inesperado, a lenta retirada
chegou o momento de, caminhando,
deixarmos o reino até agora circunscrito.

É que cessou o norte incerto
e sem prenúncio algum
além da forma como se iniciara
apresentou-se O Arcano
disposto a medir forças
com a força do Divino.

Logo falaremos dos estros, do ethos dessa saga
do modo oblíquo como se tornou
o guia do povo confinado.

Antes porém é preciso que se alerte
que Moisés, fugitivo, pastor ou peregrino
redentor ou feiticeiro faustiano
     — estrangeiro onde fosse —
para empreender sua jornada
     e manter firme
o apego à contenda planejada
renegou aquele instante luminoso
no qual abriu-se a fenda da blusa decotada
e foi-lhe, mais que oferecido
o seio-mundo que a ele se expusera.
Teve como guia a desmemória.
A história aqui narrada
fala de um homem
que deixou a terra onde nascera
cortada por um rio
que espraiava húmus pelas várzeas
alimentando o trigo, a cevada, a tamareira
e no qual foi lançada sua sorte
em um dia de estiagem
quando ali, junto com outras,
uma jovem se banhava.

III

Deixou a terra onde nascera
andou pelas areias do deserto
empurrado por raiva desmedida

levando no peito aquela húbris
que o incitava a medir forças
com a força do Divino.

Um dia, ao acaso, numa pausa
(ia, os pés descalços, visando a meta já descrita)
viu junto a um poço
serenas, comedidas, sete raparigas
cântaros ao ombro, corpos espigados
revelando sua juventude
através do linho que as cobria.
Havia ali beleza. E Moisés a percebia.

Entretanto mesmo sensível
à harmonia que da cena emanava
mesmo envolvido pela cadência ritmada
        quase dança
que a ondulação das moças
em volta do poço produzia
mesmo mesmo mesmo
Moisés não se deteve.
É que a si próprio prometera
confrontar-se co`o Divino
antes de aportar à terra prometida.
Levava consigo toda uma gente
        expectadores seus devotos
à espera da pugna que viria.
Até lá para Moisés não haveria paradouro.

Ao empreender sua jornada
trocou a casa pela tenda, reuniu os seguidores
agiu qual pastor que pastoreia seu rebanho.
Certo, foi longa a travessia,
percurso acidentado, inimigos à espreita,
mas tendo o caráter já formado,
a tarefa decidida, nada detinha seu empenho.
Atormentado pela meta que o obcecava
prosseguia na missão que se impusera
e ao fazê-lo cometia iniquidades.
Traía, conchavava, apoiava malquerenças
tornou-se astucioso, truculento, vingativo
e, ao fim e ao cabo, sanguinário.
Transformava em zombaria em heresia
o que a ele se opusesse
   generalíssimo
e, tomado por cólera insana
espostejava quem lhe parecesse renegado.
Nada o retinha nessa andança obstinada
que a perspectiva do encontro sustentava.
A quantas nações se opusessem em seu caminho
   hititas, girgashitas, amorreus,
cananeus, perizzitas, nivitas, jebuseus
   todas fortes, poderosas
   a todas feria por inteiro
   a todas destruía.

Desde o início fora claro seu intento
e não houve acaso que o distraísse
do percurso já traçado

(nem mesmo aquelas moças
que ao pé do poço o encantaram).

Arribou enfim ao pé do monte
em cujo topo a batalha ocorreria.
Não seria apenas pugna, entrevero
Moisés ali viera
para dar sentido à sua vida.

Lembremos que apagara do seu peito
a emoção vivida um dia
quando, no momento mais incerto
quando mais carente estava de arrimo
fora acolhido no colo da princesa
que materna, emocionada, sem temer
o que adviria, por ele se arriscara.

IV

Postado diante da colina fez alarde
clamou seu ódio, provocou o desafeto
nada era gratuito no seu obstinado desafio.
Na hora certa aprumou-se
e sempre blasfemando lançou o seu anátema
ascendeu palmilhando a encosta arenosa
faceou a sarça ardente, assustando as serpentes
se esquivando da água que o rochedo oferecia.
Escorado em soberba, em pleno desvario
acreditou que maior seria seu pulso
do que o do Ser que perseguia.

Tornou-se neste ponto necessária
a retomada do modo narrativo
que havíamos adotado no início.
        Alçados a uma nova perspectiva
desde o cume, ou melhor, acima dele
nosso enquadre se dirige
à cena, ao sucedido, e o seu desfecho.
A nós, de nossa altura, é dado perceber
a forma que assumiu o desenlace.
Já de pronto adiantamos:
para Moisés a batalha foi perdida.
Chegado ao ponto extremo da subida
ali se equilibrando, olhou em torno, espreitando.
Esperava que o Outro, face ao
peso dos seus feitos
e da obstinada ousadia, se faria respeitoso
(algo intimidado)
e ao vê-lo como contestador à sua altura
a Moisés, ofertante, por inteiro se abriria.

O que vimos o que ouvimos
foi de outra natureza:
vislumbre de lampejo, esplendor,
turbilhão de labaredas
solo em brasa, cinzas voejando
o ar tornado ardência e mais:
varando a coisa toda
um grito de temor, soluços,
gemidos, um choro lamentoso
e o vulto de Moisés todo recurvado
(a afronta recebera seu castigo).

V

Há pouco escalara o contraforte
buscando provar que nada se
oporia a seu desmando
    derribou-se
    deu-se o inverso
Daqui o vemos retornando, no rumo do declive
passos lentos, se escorando nos arbustos.
Trôpego, hesitante, apoiado em seu cajado
Moisés sentou-se numa pedra
que ladeava seu caminho.
A fala se fizera tartamuda;
a pele do rosto, abrasada, se enrugara.
Levantou os olhos, contemplou o horizonte.
Ali seria o ponto de remate.

E então, sobressaltado, num relance
compreendeu por que se desgarrara:
assombrado pela força do apego
receoso de um amor que o prenderia
renegara à sua alma
a lembrança do refúgio que encontrara
a oferta de aconchego, o enlevo do carinho
a melodia do acalanto.
Se deteve na descoberta que fizera.
Desvalido, solitário, a si mesmo perdoando
conseguiu relembrar o que por anos soterrara:
o seio que saltara ao seu encontro
alva oferta, desmesura,
coisa impensável, a boca no mamilo à espera

o rosto mergulhado no regaço
vida alinhada com a vida.

De novo olhando o horizonte
sentado na pedra à margem do caminho
Moisés compreendeu que não veria
a terra prometida; ali se quedaria.

São Paulo março/abril de 2020

A CONTRAPELO

"... Só se acha o que se caça;
o que negligenciamos nos escapa"[1]

Nada é fortuito nesta história
    apresentada pelo avesso.
Não é a verdade o que mais conta
mas o seu encobrimento.

O crime já vigia antes do drama
quando cheguei às portas da cidade
e o monstro calcou em mim
suas patas dianteiras.
Quem quisesse ver veria os pés inchados
sabiam tudo desde o início
a mãe lasciva-astuta
embriagou o pai funesto pederasta
forçou-o a penetrá-la.
Nasci de uma trapaça de um tropeço
    ludibrio

[1] Sófocles Édipo Rei (pg.43), Tradução de Trajano Vieira. Editora Perspectiva, 2011

Ainda nascituro
olhos coleando dolo e crueldade
escolhiam de tocaia na alcova
a garra certa para encordoar os tornozelos.
Tramaram abertamente um e outra
minha entrega aos lobos
que viviam na encosta

"*A criança não tinha
ainda três dias
quando os pés jungidos
foi jogada em ermo monte*"
Travaram os pés do recém-vindo
o aguilhão lanhando o que tocasse
a dor da carne viva o desamparo
      pais filicidas coniventes
      martírio programado.
É só baixar a vista lá estão os pés inchados
que desde sempre me servem de acicate
para o ódio de enjeitado.
Quando o encontrei
na encruzilhada trifurcada
(não por acaso já que há muito
estava à espreita daquele
que o demônio me assoprara)
o delinquente com a roda de seu carro
mirou meu pé inchado, o mesmo que travara.
Recusei-me a ser submisso
muito menos acusado
escorreito não usei de artimanha.

Afrontei-o com o cajado
golpeei a sua nuca
e aquela massa de arrogância
tombou ao solo morta
como soe cair um corpo morto.
Não declino da grandiosidade desse gesto,
não me usurpem desse feito:
fui eu, eu só o patricida
(e não um bando)
e mais a justa força da vingança.

Voltei para *mostrar* as marcas
deixadas nos pés que perfuraram.
Não sou o todo-nódoa;
se na sequência me ceguei
não foi pelo horror à anedota.
Preferi a bruma lasso do ultraje cometido
ela, ela mesma, com suas mãos
colocou os pinos e as amarras
e ao final, à guisa de reparo
a hetaira sussurrava:
qual é o mal? Muitos em sonho
com a própria mãe se enlaçavam.

Falsos carpideiros que
acobertaram os incumbentes
o miasma que assombra essa cidade
começou a ser gerado naquele mesmo dia
em que meus pés, agora inchados,
foram por eles lancinados.

Para quem me escutou
deixei a história clara:
não me fixei ao relato de tragédia
não me atrelei ao vaticínio
aqui se tratou foi de escolha consentida.

SUJANDO O NINHO

Depois do golpe
armado por seu pai
o mundo turvou-se
      para Isaac

Da hora
não esquece
a mãe fazendo sopa
penteando seu cabelo
e Abraão saindo de fininho
gritando pra dentro da cozinha
levo o moleque
é prum passeio.
Andaram pelas urzes
um mato ralo
arvorado por acaso,
a terra poeirenta
catinga deslavada.
Seguiram novas trilhas
que o menino nunca vira

Isaac perguntou:
pai, cadê o cordeiro
e o altar do sacrifício?

Dissimulado o velho
perscrutou os arredores
maquinando um subterfúgio.

   — Desgarrou-se, chega logo,
tem um olheiro procurando.
Deitou o filho
sobre a pedra
forjando um arremedo de conversa
     (lero-lero)
Isaac pressentiu
do ar a falsidade:
na contraluz
o rosto barbirruivo
     malquerente
o brilho da navalha
se achegando à veia do pescoço:

Vai me sangrar e
é meu pai, o pai que tenho!

Era Abraão o aderente
     de uma Causa?
Seguia seus comícios?
Deu-lhe força a
teoria para que
erguesse contra o filho
o punhal do sacrifício?
Transformara em cartilha o raciocínio?
Ou foi seu caráter tortuoso

que viu o ato – calculado,
como forma de acercar-se
e obter do Guia
um acordo proveitoso?
(A fé de Abraão era pensante ou de araque?)

Com malicia e ambição
armando seus conluios
tocava o projeto
da terra prometida.
E de tocaia, latente na vontade
à espera do momento
futuro prenunciado
o gesto contra Isaac
barganhado com o Todo-Poderoso.

Não ficou só nessa
o velho protofilicida
estratégia de sabujo
pregador oportunista
conduzindo seu rebanho
bem antes desse caso
tantas vezes alugou Sara
aos potentados do momento
          proxeneta do divino
patriarca maranhense
faturava a cada ladainha.
Mentia descarado
(é minha irmã, dizia ao interessado)
entregando a mulher

de modo traiçoeiro,
a quem mais lhe desse
bois, carneiros, empregados
Abraão o rufião bem-sucedido.

E mais tarde, enfarado com a esposa
comeu a diarista, emprenhou-a
mas diante da raiva da patroa
mandou a morena para a edícula
renegando Ismael,
o filho seu primeiro.

Nem Sara foi melhor
que o marido.
Puteada por Abraão
posava nas noites de sereno
de boneca cobiçada
            os lábios venenosos.

            Depois do golpe
armado por Abraão
a vida de Isaac
ficou turva.
Do pai, o funesto desamor
deixou-lhe para sempre
a alma atormentada.
Da hora se lembra
a toda hora
e do relato não se esquece.

O pai, sempre falante,
olhando para o lado
amarrou o menino
com a corda de imburana
à pedra perdida na caatinga.
De onde a prontidão
para esse gesto?
Não duvidava
da voz que o comandava?
Iria furtar-se
à cara de espanto do garoto?
Nem mesmo procurou alguma escusa:
era causa sopesada, preparada.

A história de Isaac
ficou presa a seu corpo.
A cada hora, a toda hora, se pergunta:
foi assim desde o começo,
o pai nunca hesitara?
Abraão acordou cedo
rachou lenha, selou a montaria.
(O velho pérfido
desde o início já
deixara o cordeiro
no caminho).
Não exclamou: espere um pouco,
por que meu filho?
Dizia-se temente e por
isso aceitara o sacrifício.

Mas talvez o que o calava
fosse a barganha antes feita
que lhe daria tantos adeptos
quantos são os grãos de areia
mais a terra, latifúndio
que mesmo da lua se veria.
Não foi mal entendido.
Ali não havia engano, controvérsia.

Abraão aceitara o desacerto
o gesto lento, a face estoica
nada no semblante denunciava o crime em curso
e era de ver a firmeza de seu braço
e o tom de voz respondendo
como sempre respondia.

Isaac perguntara
o tom aflito o medo na pergunta:
pai cadê o carneiro
e o altar do sacrifício?
Qualquer pai
o coração desabalado
a boca seca, a pele arrepiada
se curvaria ao sentimento,
mas Abraão não hesitara.
Resolvido, subterrâneo
perpetrava o que um pai não deve:
sujar o ninho
E sujando o ninho se curvava
calculando.

Podia Isaac encarar
a coisa de outro modo,
compreendendo o que
em volta se passava?
(a lâmina se achegando
desenhando sua estria).
Iria cegar-se à sua história
ser complacente com o pai
maligno, artimanhoso?
Contava Abraão com que o filho o entendesse
enxergando sentido na loucura?
Que aprovasse seus princípios,
fosse compassivo, aceitando
dar-se a si como carneiro?
Queria Abraão que Isaac dissesse:
me amarre, é esse o meu destino
sou parte da chicana
foi prontidão minha vida até agora
esperando este momento.

Não era o caso: a vida
de Isaac ficou turva
enquanto o ninho se sujava.
Isaac precipitou-se na descrença:
com seus próprios pés
Abraão cavara o abismo
de seu filho.
Tendo a vida turva
o mundo lhe escapava.
Isaac andava de modo vacilante

basculava nas encostas
com esforço se aprumava.
Isaac não caiu da laje.

PEQUENA HISTÓRIA

"No dia em que a Muralha da China ficou pronta,
para onde foram os pedreiros?
In Bertold Brecht
"Perguntas de um trabalhador que lê (1935)".

I

Pouco sabemos
do que se passa na entrelinha.
A História nos é dada
sem histórias e, por isso
também o dia a dia
é fato consumado
e é aceito que o ali oculto
se revele, ao fim e ao cabo
coisa rala, tida como inútil.
Não é o meu caso.
Quando menino me disseram:
Deus se vê é no detalhe;
desde então é o que venho perseguindo.

II

Noé, de primeiro, plantou vinha
e com a fruta colhida e macerada
embriagou-se, caiu nu e de borco
no interior de sua tenda.

Um filho caridoso
movido por respeito e por pudor
cobriu-o com o manto que vestia.
Noé pisou as uvas no lagar ou
esmagou-as com a prensa?
Se com a prensa, de que modo a construiu
com que madeira, como torneou o eixo
cujos sulcos permitiam às pranchas deslizarem?
E mais ainda; qual a fundura da cova da videira?
Adubou-a, podou-a no momento adequado?
Havia uma pá, uma enxada,
uma tesoura disponível?
Aprendera a manejá-las?

De Noé sabemos da arca,
do dilúvio, da pomba que trouxe
no bico a folha de palmeira,
da espera do arco-íris,
da bebedeira, momento de fraqueza
e da volta à labuta, à eira
que o valado circundava.
São atos e fatos que compõem uma rotina.
Por que perguntar-se do miúdo, mal olhado

os sulcos do eixo de madeira
o tecido de que era feita sua tenda
Tem sentido esse resgate?

Todos bebemos de seu vinho.

III

Sabemos segundo o Evangelho e a história antiga
que por razões e interesses os mais diversos
ao arrepio das normas e costumes
Herodes Antipas se casou com
a cunhada e sobrinha
Herodiade.

O adultério importava em lutas ancestrais
intrigas fratricidas e, é claro, na intemporal
ânsia de poder desmesurado.

Mas então de que modo o consumaram?
Se expuseram nos jardins
à sombra de ciprestes seculares?
Furtivos entre estátuas
cujos pedestais os escondiam?
Se esquivaram nos átrios
das vilas silenciosas?

Fornicaram num leito de marfim
acolchoado com penas de aves do Oriente?

Foi nele que seus corpos lascivos afundaram?
Herodiade raspara os pelos pubianos?
Ou os perfumava indagando-se
o que mais apeteceria ao amante?

De João sabemos que pregava no deserto
vestia pele de carneiro e, na cintura,
uma longa faixa de couro que a prendia.
Comia o que encontrava. Gafanhotos.
Era profeta, justo, santo e mensageiro
        trazia a boa nova
e enquanto batizava o fel lhe saía pela boca
        furibundo, odiento
ameaçando aqueles todos, raça de serpentes
        que não queriam ser libertos
        de seus erros.
Na verdade, a quem pregava
se, por onde andasse,
        o deserto
ninguém erigia moradia?
Se mal-alimentado, onde a energia, a agilidade
para poder correr
atrás de insetos esquivos, saltitantes?
E a pele que o cobria?
Matara ele próprio o carneiro
ou comprara de um pastor
com quem cruzara?
De onde o dinheiro?
E se oferto, em moedas
haveria um bolso onde

pudesse colocá-las?
Antes de ser preso na cisterna
(e por causa disso lá estava)
João acusara Herodiade
de ser mulher incasta, que praticara amor ilícito.
Quando e onde a insultava?
Iria onde ela fosse
sempre em seu encalço
bordejando seu caminho?
E então, possesso, invectivava contra ela?
E mesmo que ela fosse incestuosa
o que o obcecava nessa história?
Por que este tormento pelo que
no leito de Herodiade se passara?

Foi no palácio, no interior da fortaleza
em meio ao burburinho de um banquete
que João teve a sorte decidida.
Judeus, samaritanos, galileus
essênios, seduceus e fariseus
todos postos ao longo da mesa de sicômoro.
E Vitélio, à cabeceira, arrogante
calçando os coturnos de preconsul.

Quem cortara o sicômoro em pranchas
deixara as tábuas sem arestas
e as fixara com cavilhas?
Tinha nome o carpinteiro?
Antipas algum dia visitara a oficina
onde a longa mesa se montara?

E a pisada de Vitélio, assertiva,
quem a sustentara?
Quem primeiro descarnara o animal,
esfolara a pele do bezerro
e a curtira ao sol (de Siracusa ?, Agrigento?)
e depois lhe dera o tom marrom dourado
ao tingi-la numa cuba?
Quem desenhou o molde do coturno,
costurou o seu solado,
colocou os ilhoses e fivelas,
teceu os cordões para amarrá-lo?
Quem, atento ao festim
que logo ocorreria
polira, brunira, lustrara
essa insígnia de poder
que Vitélio ostentava?

O corpo torneado, ondulante
cada gesto insinuando uma promessa
servindo ao ardil e à intriga de Herodiades
Salomé irrompeu em meio à ceia,
pés descalços, a veste pouco ocultando
e, ao som da harpa e de címbalos
foi dançando (pés descalços)
deixando no cio, enfeitiçada
aquela turba que desde o início
recostada à mesa de sicômoro
bebia o vinho de Palmira.
Quem lhe ensinara os passos
            filha de Babilônia

que agora eram de tanta serventia?
Ao ensaiá-los (onde? quando?)
já o fazia tendo em vista algum desígnio?
Quem escolheu a túnica
por cuja brecha, nos volteios
vazava sua coxa
reticente, ofertante?
E na alcova, à espera,
a criada diligente
que pintou de ocre avermelhado
seus olhos, lábios,
o bico de seus seios
sabia do ardil premeditado?

Todo o resto — a oferta do Tetrarca
o pedido inesperado, um certo espanto
e a promessa enfim cumprida
é legenda de todos conhecida.

Falta saber: o que na cela precedeu à degola?
João sentiu-se acuado? Tremeu ante a ameaça?
Entendeu que lhe faltava o Messias esperado?
Ou, como de hábito, espumando
Urrou, a boca voltada para cima:
égua, hetaira, marafona, rameira-concubina.
O carrasco escolheu seu instrumento
avaliando a resistência que o pescoço lhe oporia?
Valeu-se de um gládio, de uma cimitarra?
Ou preferiu a falx que recém
afiara com capricho?

Decepou-o de um só golpe?
Para desfilar a cabeça entre os convivas
puseram-na num prato?
Ou foi bandeja?
No caminho pingou sangue no chão
e na mesa de sicômoro?
Por que deixaram o corpo
e levaram apenas a cabeça?

IV

Sendo então a época da Páscoa e dos Ázimos
Jesus, de modo diligente, se
empenhou em celebrá-la.
Curiosamente não convidou o pai, a mãe
nem os habituais agregados da família.
Também não escolheu domicílio de parente
ou o pátio abrigado de uma sinagoga.
Em vez disso chamou para a mesa de jantar
doze amigos, os mais chegados.
Pela manhã ordenou que fossem
à casa de fulano, na cidade
e lhe dissessem assim, naturalmente
que iriam ali reunir-se
para festejar a liberdade
outrora alcançada.

"Fulano" é certamente um pouco vago
e a iniciativa, se não autoritária

tinha um que de impositiva
Mas chegado o meio-dia
deu instruções um pouco mais precisas:
recomendou que, usando linguagem comedida
procurassem "um homem trazendo
um cântaro de água"
e o seguissem até a casa onde entraria.
Daí comunicariam ao dono da morada
que o Mestre precisava de um lugar
onde pudesse, junto com seu grupo,
relembrar e festejar a travessia.

O endereço escolhido revelou-se por demais
apropriado
já que o ambiente ali oferecido
era propicio à tertúlia que logo ocorreria:
"Uma grande sala no andar de cima
toda pronta e mobiliada".
Percebemos o quanto Jesus era bem-relacionado!
Conhecia fulano disposto não só a ajudá-lo
como também a obedecê-lo.
Ainda mais: conhecia também um aguadeiro
dono de uma casa assobradada
que lhe cedeu sem mais aquela
uma sala adrede preparada.
Por que essa pessoa, certamente abonada
foi assim tão prestimosa?
Conhecera Jesus em sua infância?
Brincaram juntos depois de ler a Escritura
saindo do Templo em algazarra?

Já mais jovens se reuniram circunspectos
para, com a ajuda de um escriba
estudar as filigranas do Talmud?
Ou afinal seria ele um coletor de impostos
que, sonegando o devido ao erário
acumulara riqueza graças a propina
e que agora, proprietário, confrontado
com a pregação do líder carismático
     (seu antigo companheiro)
que lançava o anátema sobre quem prevaricava
temendo que Cristo revelasse
a vida estúrdia que levava
ofertou-lhe, penitente, um espaço
amplo, confortável,
     o andar de cima
     onde, discreto,
poderia o grupo sem constrangimento
dar livre curso ao projeto de expansão
que há tempos vinha planejando.
(De que servia o andar de baixo?
     o que ali acontecia?)

Sabemos que naquela noite
foi criada a Eucaristia.
Partiu-se o pão (de trigo ou de cevada?)
verteu-se o vinho seguido de
uma conversa animada
que no Evangelho, está bem documentada.

Mas antes de chegarem à sala ampla
mobiliada, no andar de cima

antes de subirem a escada de madeira
que levaria ao lugar que haviam assentado
foi necessário alguém vir e colocar
a toalha de linho sobre a mesa
buscar pratos, talheres, copos, assim como
odres de Hebron repletos de bom vinho.
Alguém se preocupou em encher
de óleo o candeeiro
em acendê-lo e perfumar o ambiente
com bálsamo do Egito e incenso de primeira
(enquanto isso no andar de
baixo o que ocorria?).
Mas além daquilo que fez parte
do rito inaugurado (vinho, pão
de trigo ou de cevada)
qual foi o passadio?
Quem foi ao mercado comprar figos
azeitonas, maçãs da Galileia, tâmaras,
romãs, nozes e o mel para cobri-las?
Magdalena ofereceu-se?
Foi sozinha ou acompanhada de Maria?
(segundo os textos as duas
mulheres se entendiam).
Sendo época de festa, quando os preços
se tornam extorsivos, teriam pechinchado?
Conhecendo aquilo que a Jesus mais apetecia
juntos temperaram a perna de cordeiro
picaram alho, cebola, hortelã, alecrim
carregando no tomilho, o
tempero por ele preferido?

Findas as libações, degustadas as iguarias
ocorreu a traição de Iscariotes e na sequência
a entrega de Jesus a julgamento
para um juiz confuso, hesitante
cuja mulher lhe soprara ao ouvido
que num sonho que a agitara
soubera ser o Cristo homem
probo, bem-intencionado.
Em clima de grande turbulência
em meio a falsos testemunhos, blasfêmias
acusações desencontradas, vilania
uma massa de judeus e incircuncisos
exigiu que o Filho subversivo fosse condenado.
Mãos atadas, após flagelo variado
(sem que o cálice tivesse sido afastado)

Jesus foi então crucificado.
Mas como foi o processo implementado?
Já havia cruzes prontas, estacadas
à espera num local determinado?

Ou as faziam sob medida
adaptadas ao tamanho do usuário?
Precisaram pedir a um almoxarife
que fosse até o depósito buscá-la
(recomendando igualmente que trouxesse
os pregos, tanto os pontudos como
os mais arredondados)?
Usaram um tronco bruto ou o aplainaram?
Depois de perder a serventia

costumavam desmontá-la?
A sobra era vendida aos empreiteiros
para servir de viga, trava
ou até mesmo, quem sabe cortada em barrotes?
Tendo em conta ao que se destinava
qual a madeira mais apropriada
    (cedro ou oliveira)?.

Todos já servimos a dois governos.

V

Sócrates de um modo um tanto errático
perambulava pelas ruas e praças da Cidade
desmascarando os que diziam que sabiam
e os que pareciam saber e na verdade não sabiam
(mesmo se aceitarmos só saber que não sabemos
isso, sobre Sócrates, é sabido, já
que revelado por Platão
que sabia o que dizia).

Apesar de seu empenho
em fortalecer a razão fragilizada
(ou talvez por causa dele)
Sócrates não atinou, de tão desavisado,
que ao fazê-lo, os parvos que sua fala ameaçava
em consonância com o que ele
seguidamente alertava aos atenienses,
que virtude não se ensina,

se uniram aos invejosos e, de pronto
o acusaram de apóstata, de
corromper a juventude.
Impenitente, defendeu-se de forma arguta
fustigando seus juízes, cada argumento
desvelando a ignorância, a miséria moral
daquela gente ressentida que o arguia.
Condenado, curvou-se ao seu destino.

Ocorre que em meio às lágrimas de Fédon e
Apolodoro
e de vários outros que ali foram confortá-lo
já com a taça na mão, mas antes que a cicuta
tolhesse sua fala, escutou-se
que lembrava a Críton:
devemos um galo a Asclépio,
não esqueça de saldar o compromisso.
Entenda-se a ironia: convocar um sacrifício
justo àquele deus, àquela hora, era
conceber a morte como cura.

Mas o plural *devemos* é que intriga
já que alude a uma parceria.
Havia, pois, um galo, de ambos conhecido
e que, certamente, a ambos pertencia.
Mas desse galo o que sabemos? Onde ficava?
Sócrates teria em casa um galinheiro?
Pela manhã quando no pátio
caminhava e refletia
procurando conhecer-se a si mesmo

tendo o galo a seu lado fazendo companhia
servia-lhe minhocas, algum grão,
deixava-lhe legumes?
ou pertencia o galo a um seu vizinho
e o tomara emprestado para que
consolasse suas galinhas, as
tornasse chocadeiras?
Empoleirado na cisterna, penugem eriçada
crista ereta, anunciando a
alvorada com seu canto
esse galo raçudo teria imposto
a Sócrates um Real,
sonoro, colorido, que passara a fasciná-lo?
Será então que todo filósofo precisa ter um galo?
Toda cidade um canteiro onde
a cicuta é cultivada?

Para enviar seu recado
Sócrates serviu-se foi de um galo.
E para trazer à vista o detalhe
que o dia a dia opacifica
e a História desdenha com empenho
basta penetrar as entrelinhas?
Qual o sentido de desviar-se da muralha
para se interrogar sobre o destino do operário?

A pequena história só se escuta
se nos abrimos ao estranhamento.

PEDINDO O MOTE

Senhoras e senhores
peço a vossa atenção
este anúncio se destina
a informar com clareza
deste que aqui vos fala
do funeral a preparação.
Dizer que morri por gosto
contém um certo exagero.
Falam que foi natural
como se tal existisse.
Não escondo, é verdade,
que esperar pela Coisa
me deixava agoniado.
Pra me livrar do aperreio
usei então de esperteza:
saí da fila em que estava
pulei o quadro de acesso
passei na frente de outros
conseguindo a promoção
(e mesmo que ardiloso
foi tudo de modo limpo
jamais se falou em propina
nem em ajuda de pistolão).

Sou pessoa precavida
do tipo laborioso:
detalhei a cerimônia
em todos os pormenores
quando inda a vida eu gozava
eu sempre quis um velório
que tivesse animação:
não se preocupem, portanto,
minha palavra é fiança
afirmo aqui a toda gente:
vai ser de arromba a festança.
Teremos o necessário
e o supérfluo também
na porta da frente valete
na de trás a governanta
engomada empertigada
e de bandeja na mão
oferecendo aos que passassem
bom bocado, mariola
brevidade, beiju,
paçoquinha bem moída
e em quadradinhos cortada
com exata precisão
nem faltará na bandeja
a goiabada cascão.
Sendo sujeito de nome
com fama de folgazão
esse enterro com certeza
notícia de boca em boca

será uma grande atração
(inda mais dando a saber
que acepipes não faltarão)
À rua prevejo alvoroço
já que decerto virão
os pivetes, os basbaques
que circulam na região
sem mencionar o patusco
que não perde celebração.
Que a vista não perceba
vulto algum com azedume
e também que não se escute
fala fina de beata,
enlevada em oração.
Lamurias não são bem-vindas
já que pro nosso defunto
são fontes de comichão
Peço vênia meus amigos
que figurem a posição:
        brotoeja, urticária
de terno e colete vestido
a coçar-me no caixão.

Terminada a comilança
Caetano subiu na banqueta
rodeado de beleguins;
antes de ser deputado
já fora meu advogado,
velhaco e parlapatão.
Afinou o gorgomilo

e fingindo falar de improviso
deitou, como é habito seu,
uma falsa louvação.

Puxa saco inveterado
terminou o falatório
apontando pro meu lado
bradando em voz lacrimosa
que jamais serei olvidado.

Depois de vários boatos
e depois de muito diz que diz
(era público gandaieiro,
alguns já de certo mamados)
foi enfim dada a largada.
O rabecão colocou-se
na posição de partida.
(Nagib foi na frente
atrás foi Salomão)

Puxando o cordão a montante
vestindo traje endomingado
seguia compenetrada
a filarmonia afinada,
mais que tudo se escutava
o sopro do cornetim.
Logo em seguida perfilados
engrossavam a parada
mãe de santo monsenhor
rabino de solidéu pastor de olho na grana

cafetina e seu quarto zagueiro
comendador condecorado
(no bolso o patacão)
lente de faculdade
velha gaiteira assanhada
galego sarapintado
cabrocha de salto alto
malandro de terno branco
campeando novo otário.

Além desse povo ajuntado
se exibindo pro meu gáudio
requebrando rebolando
as três graças do Brasil
todas elas moreninhas
todas elas calipígias
cada qual melhor pitéu:
eita que festa danada
está sendo meu funeral.

O coletivo marchava
com muita disposição
formando alas coloridas
que esperavam com paciência
a vez que lhes caberia
de puxar sua canção.

Volta e meia meia volta
paravam para descanso;

tomavam umas e outras
e retomavam a procissão.

Em sendo exéquias de pompa
eu seguia em carro aberto.
No caixão engalanado
podia-se ler o dito
"aqui se bebe aqui se come
entrego tudo fiado
sinto uma enorme alegria
co`a gente que vem e consome".

O cortejo jubiloso
desfilou pela cidade
sem perder a direção.
Apesar do falatório
estava tudo combinado
não seguir a diritta via
sequer fora cogitado.

Por onde passava a parada
o povo se reunia
parecia mês de folguedo
de tanta gente que aplaudia
ninguém tirou o chapéu
que tal gesto não cabia.

Já dissemos que a fanfarra
marchando nos precedia,

percorrendo em detalhe
comarca, paróquia, freguesia.

Atendendo a um meu pedido
começamos pelos bairros
cujos nomes me lembravam
as donas dos velhos tempos
um mulherio porreta
com almas de modernistas.
Nas conversas que tivemos
de maneira destravada
olhavam pra minha braguilha
com um sorriso maroto
esperando meu sinal
pra começar o furdunço.
Assim foi que percorremos
Vila Sônia e Leopoldina
Matilde a bem comportada
Formosa fala por si
Mariana sendo francesa
tinha que ser afetada.
Se alguma deixei de lado
(tantas foram empalmadas)
não foi por discrição;
queria falar de todas,
com todas eu me dei bem.
O que me impede de citá-las
é ter no caminho encontrado
algumas ruas fechadas
impedidas à circulação.

Terminada esta homenagem
prosseguimos a jornada
    Mooca Tatuapé
    Jaçanã e Tremembé
passando pelo Bom Retiro
      onde nasci e onde fui circuncidado
Braz, Bexiga e Barra Funda
foram sempre só alegria
lugares onde se fez
a melhor literatura.
Atravessando a Liberdade
a andança chegou ao fim.
Viemos de marcha batida
sem atropelo algum
um préstito papa fina
que agora arribara
ao lugar que desde o início
a si mesmo destinara
O sítio era Pénacova
mas todo mundo falava
"fica lá no Butantan".

Na hora do enterramento
tomaram o maior cuidado
pra que não houvesse perigo
que um gesto mais desastrado
me deixasse escalavrado.

Pra quem quiser fazer o mesmo
e alcançar esta meta

garanto que não há segredo:
conselho de experiente; basta só continuar.

Fica então não só patente
mas também mui ilustrada
a forma que escolhi
de despender dando cabo
a verba testamentaria
que ao longo de anos passados
eu havia acumulado.
Me sinto pois com direito
de dar aos amigos conselho
que será por certo o derradeiro:
rima pobre rima rica
não é isso o que importa
não aceitem que se diga:
"seja o que der e vier".

Recusem entrar em conluio
com o governante aleivoso
— aliado da pandemia —
cujo maior empenho
é quebrar a nossa espinha.

Não parem de navegar
cada qual no seu estilo
como aqui tentei fazer
nesse poema desconforme
seguindo sempre no rumo
de Oropa, França e Bahia.

Sobre o autor

LUIZ MEYER nasceu em São Paulo em 1938, onde mora e trabalha como psicanalista e professor na Sociedade Brasileira de Psicanalise de São Paulo. Após formar-se em medicina fez sua pós-graduação em Paris, Genebra (onde apresentou seu doutorado) e Londres onde foi visiting scientist no Departamento de família e adolescente da Clinica Tavistock. Publicou os livros: *Família, Dinâmica e Terapia: uma abordagem psicanalitica* (Casa do Psicologo), *Rumor na Escuta: ensaios de psicanalise* (Editora 34), *Navegação Inquieta: ensaios de psicanalise* (Editora Blucher). Na área de poesia publicou *Réu Confesso* (Editora Ateliê).

CADASTRO
ILUMI//URAS

Para receber informações
sobre nossos lançamentos e
promoções, envie e-mail para:

cadastro@iluminuras.com.br

Este livro foi composto em Legacy pela *Iluminuras*
e impresso nas oficinas da *Meta Brasil Gráfica*,
em Cotia, SP, em papel off-white 80g.